新经典文化股份有限公司
www.readinglife.com
出 品

我讨厌妈妈

（日）酒井驹子 著　彭懿 译

新星出版社 NEW STAR PRESS

有时我觉得妈妈……

好讨厌!

哼,她呀,就喜欢睡懒觉!
星期天的早上睡呀,睡呀,睡
睡也睡不醒,睡也睡不醒

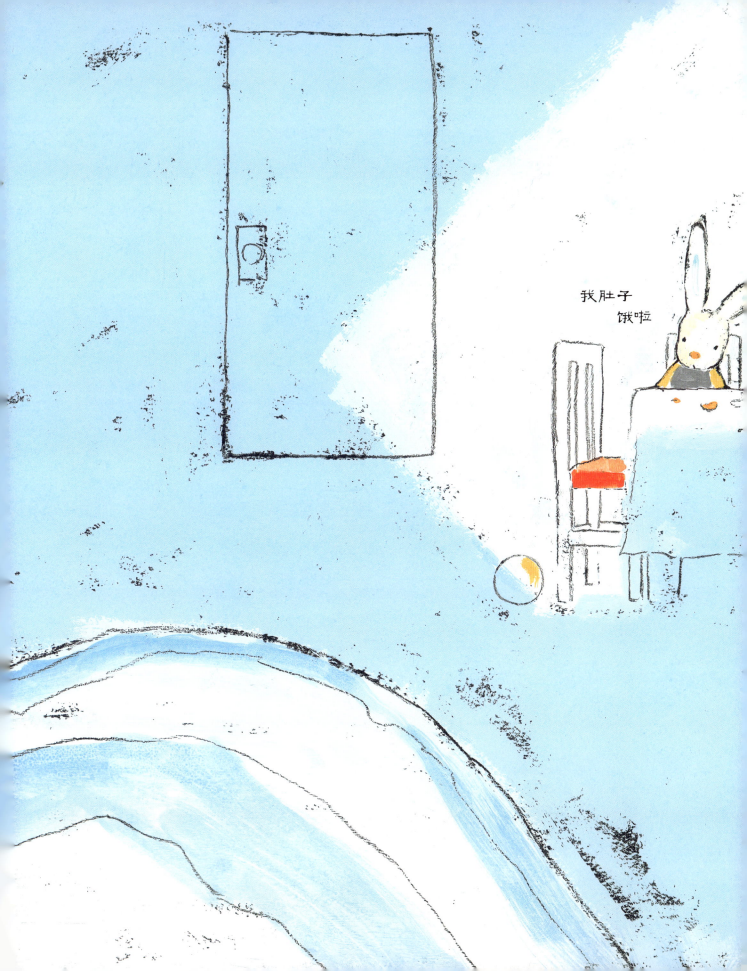

就知道自己看电视剧

不让我看动画片

说生气就生气……

快点、快点

就知道催我快点、快点

可她自己
却慢吞吞的

还有

来幼儿园接我总是迟到
还忘记洗衣服,我今天穿的袜子
就是昨天穿过的那双
还有——

我爱"讨厌"的妈妈
——读《我讨厌妈妈》

儿童阅读专家 王林

书名就出人意料,甚至会"吓一跳"。"我讨厌妈妈"?多么刺耳啊!孩子大都是很爱自己的妈妈的,就是偶尔有不爱的孩子,那也应该正面引导啊,再看看封面,一只小兔子气呼呼地盯着桌上的饼干,那正是天生的还是做了那些事后才"讨厌"?原来,他讨厌妈妈总是一直看连续剧,自己却老是与朋友聊天聊很久。他讨厌妈妈一直催促他快一点,让他最讨厌的居然是——妈妈说天穿过的袜子也不能跟他结婚。

这是多么孩子气的念头呀!可是闭上眼睛想一想,自己小时候不是也有这样的想法?再联系自己的孩子,你正是这本书能想一想,这方面也许正是这本书能博得大人的儿童也是同样的感受,真正的孩子共有的原因。小兔子坐在餐桌前,越想越气愤,然后决定离家出走。可是天快到一分钟,借口忘带球返回家。搬来扑进妈妈的怀里,原来是"我"讨厌的小兔子其实是表达对妈妈的依赖,未确认妈妈的为一种体现,或者是小兔子通过这种方式达到对妈妈的确认自己,我们可以推想她平时是期待早上才能睡一下懒觉而已。

何等的幸苦,妈妈枕头下的闹钟响了一个秘密:妈妈每天的睡眠时间不过只有三双袜子,画面上挂着小兔子的家务活。

我相信小兔子对妈妈的抱怨是真实的,孩子对大人的"不满"可以说得多,可以用书抱怨,醒来之后的妈妈所有的事,所以,我希望有孩子共读这本书的父母,不要给孩子一堆大道理。"讨厌"的地方?你觉得爸爸妈妈有什么孩子未表达出的感恩之心。同一问孩子:你觉得爸爸妈妈有哪些事让你感谢爸爸妈妈?只有孩子认识到父母的不易,才会珍惜父母的爱。

作家准确地把握了孩子的心,本书的色调以大片淡蓝色为主,图画也有迷人之处。本书的色块强调画面的留白色,泼黄、铬黄和黑色色块强调画面的重点,合且也有迷人之处,颜色刻意不均匀涂抹,配有富的纹理变化,黑色的轮廓线断时续,有时生动的主角人物,让感情氛围显得更活泼,懵懂地传达出"脏",可画面又让人觉得正是"脏",方法去传达孩子爱妈妈的感觉。

当我有多爱你》和《逃家小兔》的绘本有很多精彩,通过兔子未表达出爱的作品相比,你更喜欢哪一种表达方式?

爱妈妈的也确是妈妈对自己的爱。
期待早上才能睡一下懒觉而已。

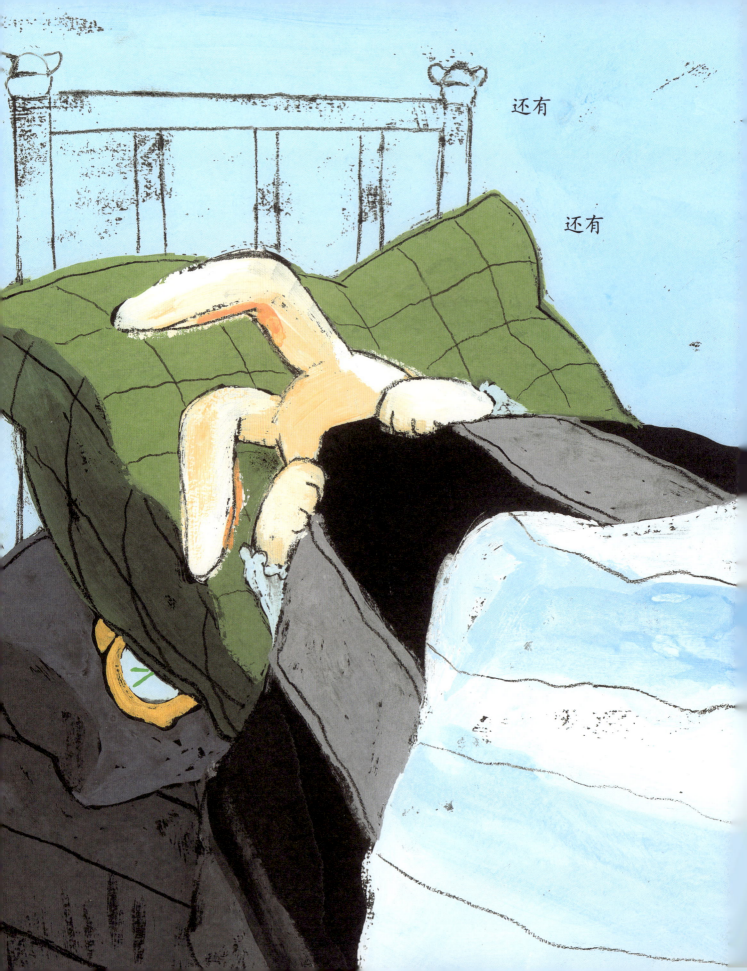
还有

还有

还有

还有

还说

不能跟我**结婚**

说就是
等我长大了
也没有办法跟我结婚

说就是等我长得
再大、再大
再大
也没有办法
跟我结婚

可是我
只想
跟妈妈结婚呀

所以，我**讨厌妈妈**

我不要这样的妈妈了

我要走了，一个人！

走得远远的

走得远远的

"咦咦,怎么啦,忘了什么东西吗?"
"嗯。忘了拿球,我要带走的。对了,妈妈……"
"什么?"

"又见到我,妈妈高兴吗?"

"当然高兴啦!"

著作权合同登记图字：01-2015-4707

Copyright © 2000 by Komako SAKAI
First published in Japan in 2000 under the title
"BOKU OKAASAN NO KOTO" by BUNKEIDO Co., Ltd.
Simplified Chinese translation rights arranged with BUNKEIDO Co., Ltd.
through Japan Foreign-Rights Centre & Bardon-Chinese Media Agency
ALL RIGHTS RESERVED

图书在版编目(CIP)数据

我讨厌妈妈 /（日）酒井驹子著；彭懿译 .-- 北京：新星
出版社 ,2015.10
ISBN 978-7-5133-1880-8

Ⅰ.①我… Ⅱ.①酒…②彭… Ⅲ.①儿童文学－图画故事－
日本－现代 Ⅳ.① I313.85

中国版本图书馆 CIP 数据核字 (2015) 第 201105 号

我讨厌妈妈

（日）酒井驹子 著
彭懿 译

责任编辑　汪　欣
特邀编辑　印姗姗　黄　锐
内文制作　杨兴艳
责任印制　廖　龙

出　　版	新星出版社　www.newstarpress.com	
出 版 人	马汝军	
社　　址	北京市西城区车公庄大街丙 3 号楼　邮编 100044	
	电话 (010)88310888　传真 (010)65270449	
发　　行	新经典发行有限公司	
	电话 (010)68423599　邮箱 editor@readinglife.com	
印　　刷	北京利丰雅高长城印刷有限公司	
开　　本	880毫米×1240毫米　1/16	
印　　张	2	
字　　数	3千字	
版　　次	2015年10月第1版	
印　　次	2019年2月第19次印刷	
书　　号	ISBN 978-7-5133-1880-8	
定　　价	35.00元	

版权所有，侵权必究
如有印装质量问题，请发邮件至 zhiliang@readinglife.com